AF369495

LE MILICIEN,

COMÉDIE

EN UN ACTE,

MÊLÉE D'ARIETTES;

Par M. ANSEAUME.

Représentée pour la première fois à Versailles devant Leurs Majestés, le 29 Décembre 1762, & à Paris sur le Théatre de la Comédie Italienne le 1 Janvier 1763.

Le prix est de 30 sols avec la Musique.

A PARIS,

Chez la Veuve DUCHESNE, Libraire, rue Saint-Jacques, au-dessous de la Fontaine S. Benoît, au Temple du Goût.

M. DCC. LXXI.

ACTEURS,

DORVILLE, *Capitaine de Milice.*

LA BRANCHE, *Sergeant.*

UN CAPORAL.

UN TAMBOUR,

LUCAS, *Paysan.*

COLETTE, *amoureuse de Dorville.*

Plusieurs Soldats de la Compagnie.

La Scène est dans un Village.

LE MILICIEN,
COMEDIE
EN UN ACTE,
MÊLÉE D'ARIETTES.

SCÈNE PRÉMIÈRE.
COLETTE, LUCAS.
DUO.

COLETTE.	LUCAS.
Quoi! sans cesse !	Oui sans cesse ;
Quoi! Lucas me poursuivra !	Oui, Lucas vous poursuivra :
Rien ne presse ;	Tout me presse :
Nous verrons, nous verrons ça.	Finissons, finissons ça.

COLETTE.	LUCAS.
	Vous savez que je vous aime.
Mais je ne vous aime pas.	Si vous ne m'épousez pas,
	Tout m'appartient en ce cas ;
	Car notre oncle Nicodeme,
	En nous faisant ses héritiers,
	A mis ça dans ses papiers.
	Ainsi, votre intérêt meme....
Eh ! bien, nous verrons cela,	
Eh! bien, nous verrons cela.	Non, non, finissons cela.
Quoi! sans cesse !	Oui, sans cesse ;
Quoi! Lucas me poursuivra !	Oui, Lucas vous poursuivra ;
Rien ne presse,	Tout me presse,
Nous verrons, nous verrons ça.	Finissons, finissons ça.

LUCAS.

Acoutez, Mamzelle Colette; je ne vais pas deux chemins; vous savez bien que vous n'avez rien à prétendre dans l'héritage de défunt notre oncle; tout est pour moi, attendu que j'sui son neveu le plus proche; mon père étoit son frère.

COLETTE.

Je le sais.

LUCAS.

Au lieu que vous n'êtes que la petite nièce de la cousine du mari de sa sœur.

COLETTE.

D'accord,

LUCAS.

Mais comm' vous êtes bien gentille, & que j'vous aime, le défunt vouloit que j'vous épousisse.

COLETTE.

Il est vrai.

LUCAS.

Et pour vous y engager; car, à cause de st'Officier dont vous êtes emmourachée, vous ne vous louciez pas trop de moi; aussi dit-on dans le vilsage que vous êtes une bête... Il a mis dans son Testament que la moitié du bien s'roit pour vous, moyennant cette alliance.

COLETTE.

Eh! bien?

LUCAS.

Eh! bien, faut à st'heure dire oui ou non : v'là le deuil qu'est fini; il est temps d'entrer en danse.

COLETTE.

Et-ce là tout?

LUCAS.

Queu froideur!

COLETTE.

Tenez, Monsieur Lucas, tout ce que vous dites est bel est bon; mais vous n'y gagnerez rien. Vous avez engeolé le défunt pour être seul son héritier, quoiqu'il m'eût promis de me laiſſer quelque choſe : votre intention, ſans doute, étoit de me faire la loi ; mais je ne ſuis pas ſi intéreſſée que vous ; gardez le bien puiſque vous l'avez : je garderai mon Amant , & nous ſerons tous content.

LUCAS.

Oui, vous l'prenez ſur ce ton-là ! eh ! bien, vous n'aurez rien.

COLETTE.

Je m'en moque.

LUCAS.

Votre Amant n'a rien non plus ; c'eſt un cadet ſans fortune.

COLETTE.

Cela m'eſt égal.

LUCAS.

Vous ſerez bien lotie avec un amoureux de cette eſpèce !

COLETTE.

ARIETTE Nº. 1.

Quand l'Amour eſt content,
On ſupporte ſans peine
Le travail & la gene ;
Il n'eſt point de tourment,
Quand l'Amour eſt content.

Au ſein de la richeſſe
On cherche le bonheur :
Il eſt dans notre cœur,
Il eſt dans la tendreſſe.

Quand l'Amour, &c.

LUCAS.

Vous irez bien loin avec ces beaux ſentiments-là ; vous verrez, vous verrez.

COLETTE.

Tout ce que je verrai me fera plaiſir, pourvu que je ne voye plus un magot comme vous.

LUCAS.

Il fait ſigne de compter de l'argent.

Un magot, un magot ! oh ! il y en a deux magots, & l'un n'ira pas ſans l'autre.

SCÈNE II.

LUCAS, COLETTE, LA BRANCHE.

LA BRANCHE.

EH ! bien ! mes enfans, qu'est-ce que c'est donc ?
On diroit que vous vous disputez.

LUCAS.

Ah ! c'est vous, Monsieur de la Branche.

LA BRANCHE.

Bon jour, Mademoiselle Colette....
Il lui fait des signes.

LUCAS, *soupirant.*

Ah ! je n'ai pas lieu d'être bien content.

LA BRANCHE, *ricanant.*

Querelle d'Amant, je gage.

COLETTE.

Nous Amants.

LUCAS.

Voyez comme elle se récrie tout d'un coup.

LA BRANCHE.

Et oui ; n'ai-je pas oui dire que vous alliez vous
marier ; vous vous convenez à merveille, & v'là ce
qui fait que tout le monde le croit.

LUCAS.

Et vous le croyez aussi ?

LA BRANCHE.

Sans doute ; c'est ce que Mademoiselle Collette
peut faire de mieux.

LUCAS.

Vous pensez comm'ça, Monsieur de la Branche ?

LA BRANCHE.

Oui, je le pense, & je le dis.

LUCAS, *à Colette.*

Eh! bien, Mademoiselle Colette, c'est pour-

tant Monſieur de la Branche, le Sergent, l'Homme de confiance de votre biau Capitaine qui dit
ça ! Qu'avez-vous à répondre ?

COLETTE, *à part.*

Que veut dire ceci ?

LUCAS.

Oh ! elle n'dira rien ; la v'là confondue, & puis
elle n'a que ſon Officier dans la tête.

LA BRANCHE.

Qui ? mon Capitaine ?

LUCAS.

Lui-même.

LA BRANCHE, *d'un air de bonté.*

Il ne faut pas que cela vous inquiète davantage :
nous partons demain.

LUCAS, *joyeux.*

Vous partez demain ? Et lui auſſi !

LA BRANCHE.

Belle demande !

LUCAS.

*La Branche embraſſe Lucas, & donne en même-
temps une lettre à Colette qui eſt derrière Lucas.*

Vous partez ! Ah ! mon ami, viens, que j't'embraſſe pour une ſi bonne nouvelle.

COLETTE, *à part.*

Cette lettre contient ſans doute quelqu'avis im-
portant : comment faire pour la lire ?

LA BRANCHE, *bas à Colette.*

Allez-vous-en plus loin, pendant que je l'amu-
ſe ici.

Colette ſort ſans que Lucas s'en apperçoive.

SCÈNE III.
LA BRANCHE, LUCAS.

LA BRANCHE.

Ainsi, mon cher ami, vous avez le champ libre,

LUCAS.

Et allez-vous bien loin comm'ça ?

LA BRANCHE.

Nous allons faire campagne, j'espère.

LUCAS.

Vous allez faire campagne. *A Colette.* Entendez-vous ! ils vont faire campagne .. Où est-elle donc ?

LA BRANCHE.

Elle vient de s'en aller toute triste.

LUCAS.

Oh ! cela m'est égal ; quand M. Dorville n'y sera plus, faudra ben qu'elle revienne à moi.

LA BRANCHE.

Sans doute.

LUCAS.

Qu'elle me donne la préférence.

LA BRANCHE.

Vous la méritez bien de toutes façons ?

LUCAS, *enchanté.*

Vous le croyez ?

LA BRANCHE.

Si je le crois ! il ne faudroit pas s'y connoître pour juger autrement.

LUCAS, *d'un ton de confiance.*

Apparemment qu'elle ne s'y connoît pas, Monsieur la Branche ; car elle n'm'aime guère.

LA BRANCHE.

Bon ! c'est peut-être une feinte de sa part, &

puis vous favez que les jeunes perfonnes font ti-
mides.

LUCAS.

Et non j'vous dis; ell' n'peut pas me fouffrir;
quand j'ly dis des douceurs, ell' m'répond des du-
retés; quand j'ly fais des careffes, elle me rebute.

LA BRANCHE, *fait femblant de pren-*
dre fon parti.

Et malgré cela, vous l'aimez!

LUCAS.

Que voulez-vous? c'eft plus fort que moi.

ARIETTE N°. 2.

J'ai beau m'en défendre,
Son p'tit air mutin,
Son regard malin
Me force à me rendre.
Le fon de fa voix
Enchante mon ame.
Des que j'l'apperçois,
Je m'fens tout de flamme.
Sans ceffe auprès d'elle
J'vais batifolant,
Chantant, folatrant,
Où bien foupirant,
Plaignant mon tourment;
Hélas! la cruelle,
A mes tendres vœux.
Ne répond pas mieux!

LA BRANCHE.

Pauvre cher homme! je vous plains de tout mon
cœur; mais auffi je parierais, qu'il y a de votre
faute dans tout cela.

LUCAS.

Comment?

LA BRANCHE.

Oui, vous vous y êtes mal pris, & je veux vous
mettre au fait.

LUCAS.

Oui-dà!

LA BRANCHE.

Nous autres gens de guerre, nous avons des moyens.

LUCAS.

Tout de bon!

LA BRANCHE.

N'avez-vous pas remarqué que, depuis notre cé-jour dans ce pays, Colette est devenue amoureuse de notre Capitaine?

LUCAS.

Amoureuse, Monsieur de la Branche! elle en est folle.

LA BRANCHE.

Sans doute : & si j'avois voulu, je l'aurois rendue folle de moi aussi; mais vous êtes mon ami, & je n'ai eu garde de vous jouer un pareil tour.

LUCAS.

Et comment faites-vous donc pour emboiser comm' ça toutes nos filles; car elles tombent pres-que toutes dans vos filets.

LA BRANCHE.

Ah! ah! je le crois bien.

ARIETTE.

Rarement un militaire,
En amour manque son coup;
Dès qu'il a dessein de plaire,
Il en vient toujours à bout,
Son silence, son langage,
Tout charme en lui, tout engage,
Tant il est doux & flatteur,
La Beauté la moins docile
A beau défendre son cœur;
Où l'adresse est inutile,
La force le rend vainqueur:
Il paroît, & tôt, tôt, tôt,
Le galant brusque l'assaut.

LUCAS.

D'la manière dont vous nous contez ça, on diroit que vous leur j'tez queuqu' sort, que vous avez queu-qu' charme.

LA BRANCHE.

Justement, vl'à le fait ; & je veux vous appren-
dre notre secrèt.

LUCAS.

Volontiers ; mais n'y a-il pas aussi là-dessous
queuque diablerie ?

LA BRANCHE.

Point du tout, je vous assure ; tout consiste à
débiter à propos quelque mots, d'un jargon que
nous savons.

LUCAS.

Et sont-ils bien difficiles ces mots-là ?

LA BRANCHE.

Difficiles ! non vraiment. Avant qu'il soit peu,
j'veux que vous les sachiez aussi bien que moi. *A
part.* Nous le mettrons en bonne école pour cela.

LUCAS.

Dites-m'en donc quelqu'zuns. Voyons.

LA BRANCHE *prononce d'une voix forte,
appuyant sur les consones.*

Tenez, écoutez ; mine, brêche, arquebuse, contres-
carpe, ouvrage à corne, fascine, piquet, bivouac.

LUCAS.

Comment diable ! on engeole les filles avec ça ?

LA BRANCHE.

Si on les engeole il y a tout plein de gens qui
n'ont jamais su leur dire d'autre douceurs ; & sous
l'ombre qu'ils ont fait une ou deux campagne, ils
vous fourent tous ces termes-là dans leurs discours.

LUCAS.

Et ça fait qu'on les aime ?

LA BRANCHE.

Éperduement ; & tenez, si vous voulez en faire
l'expérience, allez de ce pas trouver Colette, & fai-
tes-lui un joli compliment.

LUCAS.

Oh ! je n'ose pas ; elle est fâchée contre moi.

LA BRANCHE

Eh ! bien, écrivez-lui un petit billet doux dans ce style merveilleux ; une lettre bien tourné raccommode bien les choses ; je gage que ça la fait revenir tout de suite.

LUCAS.

Comment faire ? Moi, je ne les sais pas.

LA BRANCHE,

Eh bien, je vous les dicterai.

LUCAS.

Pargué, faites-moi un plaisir. Écrivez-m'en une vous-même, arrangez-ça comm' pour vous.

LA BRANCHE.

Et vous la signerez n'est-ce pas ?

LUCAS.

Oui, oui, j'la signerai du mieux que j'pourrai ; car j'vous avouerai naturellement que je ne suis pas trop bien versé dans l'écriture.

LA BRANCHE.

Laissez-moi faire, j'ai sur moi tout ce qu'il faut ; cela sera fait dans le moment.

LUCAS.

C'est bien dit ; bien fâché de la peine au moins.

LA BRANCHE.

Vous vous moquez ; voyons tournons cela comme il faut.

Il propose des phrases que Lucas approuve, & au lieu d'écrire ces phrases, il écrit un engagement.

ARIETTE DIALOGUÉE.

La citadelle de vos charmes
Que je brûle de conquérir. . . .

LUCAS.

Fort bien, fort bien ; c'est à ravir.

LA BRANCHE *écrivant.*
Désirant de porter les armes,
Jaloux de l'honneur de servir. . .

LUCAS.
Fort bien, fort bien ; c'eft à ravir.

LA BRANCHE *propoſe*
Fait que je m'engage en ce jour,
Dans la Milice de l'Amour.

LUCAS.
Vous me rendez un grand fervice.

LA BRANCHE *écrit.*
Je m'engage dans la Milice.

LUCAS.
Ah! quel fervice! quel fervice!
Je m'en fouviendrai plus d'un jour:

LA BRANCHE, *propoſe*
Le Dieu d'Amour mon Capitaine
Saura vous mettre à la raifon.

LUCAS, *ſe frottant les mains.*
Voilà morbleu comme on les mene.

LA BRANCHE.
Vous trouvez cela bon?

LUCAS.
Très-bon.

LA BRANCHE *écrit.*
Monfieur Dorville mon Capitaine
Pour ce m'a donné trente francs,
Et promis congé dans fix ans.

LUCAS.
Que vous avez d'efprit, compère!

LA BRANCHE.
Je crois que voilà qui fuffit.

LUCAS.
Oui, c'eft bien dit, oui, c'eft bien dit.

ENSEMBLE.
Voilà juftement mon affaire.

LA BRANCHE, *préſentant le papier à ſigner.*

Vous êtes content, n'eft-ce pas?

LUCAS, *ſignant.*
Oui, mon cher ami, très-content.

LA BRANCHE, *lui ſerrant la main.*
Et moi auffi ; & ventrebleu, mon cher camarade,
vous m'en direz des nouvelles.

LUCAS.
Il n's'agit plus que d'envoyer ça à Colette.

LA BRANCHE.

Donnez, donnez-moi ça ; je veux la lui remet-
tre moi-même, & lui parler de manière...

LUCAS.

Ah ! je vous en prie.

LA BRANCHE.

Fiez-vous à moi, vous dis-je, & si vous ne la
trouvez pas changée du tout au tout, dites que je
ne suis qu'un sot.

LUCAS.

Nennin, nennin, je ne dirai pas ça. Adieu donc,
je vous laisse, je r'viendrai savoir la réussiste.

LA BRANCHE.

Soyez tranquille.

LUCAS.

Au plaisir.

LA BRANCHE.

A revoir.

SCÈNE IV.

LA BRANCHE, *seul.*

ARIETTE.

AH ! vous voilà, Monsieur Lucas ;
Ah ! vous voilà pris dans nos lacs :
Faites briller votre courage,
Il faut ici montrer du cœur ;
C'est trop languir dans un village,
Partez, volez au champs d'honneur.

Ah ! vous voilà, &c.

Je le connois,
Jamais, jamais,
Il n'osera
S'exposer là ;
Il pestera,
Il jurera :
Mais il fera,
Ce qu'on voudra:
Ah ! malgré vous, Monsieur Lucas,
Nous aurons part à vos ducats.

Allons, allons, point de milieu, ou vous marcherez, ou vous acheterez votre congé ; mais il vous coûtera bonne, je vous en avertis. Vous n'en serez pas puitte en nous cédent Mademoiselle Colette, nous ne l'épouserons pas sans dot. Ça ne seroit pas juste ; mais la voici.

SCÈNE V.

LA BRANCHE, COLETTE.

LA BRANCHE.

EH ! bien, Mademoiselle, avez-vous lû cette lettre ?

COLETTE.

Oui, mais je n'entends pas ce qu'elle signifie.

LA BRANCHE.

Comment ! vous ne l'entendez pas ?

COLETTE.

Qu'est-ce que c'est que ce stratagême dont Monsieur Dorville me parle, cette feinte qu'il faut faire ?

LA BRANCHE.

Ce stratagême, c'est moi qui l'ait trouvé, & je l'ai déja exécuté en partie ; la feinte vous regarde, il faut dès ce moment faire semblant d'aimer Lucas.

COLETTE.

Faire semblant !

LA BRANCHE.

Oui, lui donner des marques d'amitié, lui faire croire que vous l'aimez, cela est nécessaire pour notre projet.

COLETTE.

Mais s'il croit que je l'aime, il me tourmentera encore davantage.

LA BRANCHE.

Point, point, nous le mettrons à la raison, pour

vû que vous ne paroissiez pas d'intelligence avec
nous : voilà tout ce qu'il nous faut.

SCÈNE VI.
LA BRANCHE, COLETTE, DORVILLE.

COLETTE.

AH ! cher Dorville, c'est vous !

DORVILLE.

Oui, ma chère Colette.

COLETTE.

Que veut donc dire tout ceci ?

DORVILLE, *montrant la Branche.*

C'est lui qui m'a obligé à cela : piqué de l'injus-
tice que vous fait Lucas, en vous retenant un bien
qu'il a trouvé moyen de s'approprier. Mais que
me font à moi tous les biens du monde ? votre
cœur, aimable Colette, est le plus précieux , &
suffit à mes desirs.

LA BRANCHE.

C'est à merveille. Je connois votre délicatesse.
Je sais que vous n'aspirez qu'à la possession de Mademoiselle ; peu vous importe le reste. Mais je n'approuve pas votre désintéressement : croyez-moi,
le bien dont Lucas s'est emparé, & que je veux
vous faire revenir, n'est pas à dédaigner ; Mademoiselle Colette n'en sera pas plus laide.

DORVILLE.

Arrange-toi toujours de façon que je n'aye point
de reproches à essuyer.

LA BRANCHE.

Et quel reproches peut-on vous faire ? Voyons.
Vous prenez la défense d'une jeune Pupille , d'une
personne

perſonne que vous aimez, que vous voulez épouſer; vous voulez la venger d'un ruſte, d'un ma-
lotru, qui non content d'avoir uſurpé ſon bien,
veut encore forcer ſon inclination, & l'épouſer malgré elle.... Allons, allons, Monſieur, point de ſcru-
pule, l'honneur & l'Amour vous autoriſent, ainſi
laiſſez-moi faire. D'abord, je tiens mon homme,
voilà ſon engagement.

DORVILLE.

Ah! je t'entends.... S'il veut ravoir ſon congé...

LA BRANCHE.

Oh! il ne tient qu'à lui, Colette & la moitié de
la ſucceſſion pour vous, &..... une douzaine de
Louis pour le Sergent, n'eſt-ce pas mon Capitaine?

DORVILLE.

Tout ce que tu voudras.... Ah ! ma chère Colette, je reſpire. Les obſtacles vont s'applanir, notre bonheur n'eſt plus douteux, en êtes-vous auſſi
charmée que je le ſuis?

COLETTE.

Oui, Dorville, je regarderai le moment de nôtre
union comme le plus heureux de ma vie.

LA BRANCHE, *l'interrompant.*

Paix, paix, j'entends votre rival. *Les deux Amants*
font un mouvement de frayeur. N'ayez pas peur,
vous pouvez paroître devant lui, je lui ai dit que
nous partons demain, ainſi vous faites vos adieux.

SCÈNE VII.

Les Acteurs précédents, LUCAS.

LA BRANCHE.

Approchez donc, compère Lucas, nous vous
attendons avec impatience.

DORVILLE.

Bonjour, Lucas, bon jour.

LUCAS, *héfitant.*

Monfieur.... je fuis votre ferviteur.

DORVILLE.

Je n'ai pas voulu partir fans prendre congé de vous & de Mademoifelle.

LUCAS.

C'eft bien de l'honneur.... Monfieur..... que vous nous faites.

DORVILLE.

Quelque part que je fois, je me fouviendrai toujours de vous & de cette aimable enfant. *Il baife la main de Colette.*

LUCAS.

Ah! Monfieur.... mais, mais, il lui baife la main.

LA BRANCHE.

Il n'a garde d'y manquer, c'eft l'ufage.

LUCAS.

L'ufage.

LA BRANCHE.

Oui, la politeffe.

DORVILLE, *embraffant Colette.*

Permettez-vous?

COLETTE.

De tout mon cœur.

LUCAS.

Encore! Mais, mais, mais.

LA BRANCHE.

Paix, paix, mon ami, paix, c'eft l'ufage.

LUCAS.

Et mais, fi cela continue, j'enrage.

LA BRANCHE.

Un Officier qui fait vivre a toujours foin quand il s'en va....

COMÉDIE. 21

LUCAS.

Et jarni, partez donc, partez donc, que le ciel vous conduise.

DORVILLE.

Adieu Lucas, adieu Colette, adieu, adieu.

COLETTE.

Adieu, Monsieur, adieu, Monsieur, adieu, adieu.

LUCAS.

Adieu la Branche, adieu Monsieur, bon voyage, adieu, adieu.

SCÈNE VIII.

LUCAS, COLETTE.

LUCAS.

AH!... les v'là partis !

COLETTE, *froidement.*

Dieu merci.

LUCAS.

Bon, vous badinez: eh! c'est vot' amoureux qui s'en va, est-ce que vous pouvez en être bien aise ?

COLETTE.

Lui, mon amoureux ! vous l'avez cru comme bien d'autres; mais il n'en étoit rien.

LUCAS.

Stapendant vous couriez toujours après lui.

COLETTE.

Non, c'étoit lui qui me venoit chercher.

LUCAS.

Et vous aviez du plaisir à le voir !

COLETTE.

D'une certaine façon; il est si poli, si agréable, j'aimois à l'entendre causer, cela est bien naturel, je pense.

LUCAS.

Vous l'aimez, vous l'aimez; & parlant à moi-même, vous m'avez dit que c'étoit votre amant, que vous vouliez le garder.

COLETTE.

Je l'ai dit pour vous éprouver; ne savez-vous pas qu'on se plaît à tourmenter le jaloux?

LUCAS.

Quoi! Sérieusement; vous n'aviez pas d'amour pour lui?

COLETTE.

De l'amour! oh! je n'en prends pas si facilement, & sur-tout pour ces Messieurs-là.

ARIETTE N.º 3.

Ces oiseaux de passage
Aiment le badinage;
Mais leur frivole hommage
Naît & meurt en un jour.
Ils nous engeolent,
Ils nous cajolent,
Puis il s'envolent
Sans retour.
Oui, oui,
C'est badinage:
Mais ce frivole hommage
N'est jamais que l'affaire d'un jour.
Ils nous engeolent,
Ils nous cajolent,
Puis il s'envolent
Sans retour.

LUCAS.

Vous avez raison, il n'y a pas de ressource avec eux.

COLETTE.

Sans doute, on les voit un instant, & puis on ne les voit plus. Voyez la belle avance!

LUCAS.

Il vous faut quelqu'un de solide comme moi, qui vous fasse un bon établissement.

COLETTE.

Je sais bien que vous êtes un bon parti.

LUCAS, *à part.*

Ouais comme elle est radoucie!

COLETTE

Vous êtes constant, vous; vous ne dites pas de si jolies choses que Monsieur Dorville, mais vous les pensez; c'est tout de même.

LUCAS.

Ça vaut mieux. *A part.* Je crois ma foi qu'elle revient tout de bon, la Branche me l'a bien dit, *Haut.* N'est-il pas vrai, Colette, qu'il y a bien de la différence de ce petit fréluquet-là à moi?

COLETTE.

Je ne suis pas à m'en appercevoir.

LUCAS.

Tu m'aimes donc, petite méchante?

COLETTE.

Vous éxigez un aveu que je ne pourrois faire sans rougir.

LUCAS.

Bon, bon; avoue toujours.

COLETTE.

Oh! dame; vous êtes bien pressant, au moins.

LUCAS.

Oh! oh! je te tiens pour le coup, tu ne peux pas t'en dédire; dis donc, dis donc, dis donc.

COLETTE.

Eh! bien. *A part.* Qu'est-ce que je risque au bout du compte? *Haut.* Eh! bien. Oui, là.... êtes-vous content?

LUCAS.

ARIETTE.

Oh! oh! finis, Colette,
Tu vas m'faire pâmer;
Est-il bien vrai, folette,
Que j'ai su te charmer.
N'est-ce point un mensonge,
Parle de bonne foi.
Moi, moi! te plaire à toi!
Ça m'paroit comme un songe;

Je ne suis plus à moi ;
Apres que j'on eu l'audace
De paroître jaloux.
Accorde-moi ma grace :
J'te la demande à genoux,
M'l'accordez vous ?

Colette lui tend la main pour le relever, il s'imagine qu'elle lui donne à baiser.

Oh ! oh ! finis Colette,
Tu vas m'faire pâmer.
Il est donc vrai, folette,
Que j'ai su te charmer ?
Oh ! comme j'vais t'aimer.

COLETTE.

Finissez donc ; vous me rendez toute je ne sais comment.

LUCAS.

Ça ne fait rien, mignone, ça n'fait rien. *A part.* Elle m'aime enfin. Ah ! que je suis content ! *Haut.* Mais j'n'en suis pas étonné ; c'est la lettre qui fait son effet.

COLETTE, *embarrassée.*

Quelle lettre ! *A part.* Ah ! me voilà prise !

LUCAS.

Eh ! celle que la Branche.... là tu fais bien.....

COLETTE, *à part.*

Juste ciel ! il sait tout.

LUCAS.

N'est-ce pas qu'elle étoit bien tournée. Hem ?

COLETTE.

Oui, oui. *A part.* Je ne sais que répondre.

SCÈNE IX.

COLETTE, UN CAPORAL, UN TAMBOUR, qui bat autour de Lucas.

LE CAPORAL.

Chapeau bas.

LUCAS, *à part.*

Oh! oh! qu'eſt ce qu'il y a encore de nouveau?

LE CAPORAL.

De par le Roi; il eſt enjoint à Gilles Blaiſe Lucas, enrôlé dans la compagnie de M. le Chevalier Dorville, Capitaine de Milice, de ſe rendre inceſſamment au Drapeau, pour partir demain à quatre heures de matin, avec le reſte de la recrue, & faute par lui de s'y rendre, il ſera puni comme déſerteur, ſuivant la rigueur des Ordonnances. *Le tambour rebat.*

LUCAS.

Comment, Meſſieurs! qu'eſt qu'ça veut dire?

LE CAPORAL.

Eſt-ce que vous ne l'avez pas entendu?

LUCAS.

Et mais je ne ſuis point engagé; c'eſt une ſurpriſe, & je vous le ferai voir.

LE CAPORAL.

Comment, une ſurpriſe! pour qui nous prenez-vous? Votre engagement eſt fait, ſigné de vous; je l'ai vu dans les mains de notre Capitaine, & voilà l'habit qu'il vous envoye.

COLETTE.

Monſieur, Monſieur, on n'engage pas comm'ça l'monde de force.

LE CAPORAL.

Qu'eſt-ce que c'eſt, Mademoiſelle, vous raiſon-
nez, je crois; prenez garde qu'on ne vous enrôle
auſſi, vous.

LUCAS.

Ça n'ſe peut pas, ça n'ſe peut pas; votre Capitaine eſt un fripon.

LE CAPORAL.

Qu'eſt-ce que c'eſt que ce drôle-là? il fait rebel-
lion. Allons, allons, point tant de diſcours.

TRIO.

LE TAMBOUR.
Il faut marcher.

LUCAS.
Nennin, nennin.

COLETTE, *feignant de pleurer.*
Hin, hin, hin, hin.
Pauvre Lucas!

LE TAMBOUR.
N'fais pas le mutin,
Ou tu verras.

COLETTE.
Ah! quel chagrin,
Hin, hin, hin, hin.

LUCAS.
Je m'marcherai pas.

LE TAMBOUR.
Tu marcheras, ou tu verras.

LUCAS.
Y a de l'erreur.

COLETTE, *pleurant.*
Quelle douleur,
Quel crêve cœur!

LE TAMBOUR.
Marchons, marchons,
Point de façons,
Marchons, marchons.

COLETTE.
Pauvre Lucas,
Ne ſuis-je pas
Bien malheureuſe.

ENSEMBLE.

LUCAS.

Tais-toi, menteuse.
C'est toi qui m'a joué ce tour.
Ah! quel revers pour mon amour;

COLETTE *seule.*

Pouvez-vous m'accuser ainsi.
Moi qui suis l'innocence même.
Vous le savez, si je vous aime,
Et, &, voilà mon grand merci,
Pouvez-vous m'accuser ainsi?
Moi qui suis l'innocence même.

LE TAMBOUR.

Allons, allons, marchons, marchons.

LUCAS.

A Colette.	*Au tambour.*
Tais-toi, menteuse.	Je ne marcherai pas.

COLETTE,

Ne suis-je pas bien malheureuse,
Quelle douleur, quel crève cœur.

LUCAS.	LE TAMBOUR.
Je ne marcherai pas,	Tu marcheras.
Y a de l'erreur.	Tu marcheras.

Colette sort à la fin du Trio.

SCÈNE X.

LUCAS, LE CAPORAL,
LE TAMBOUR.

LE CAPORAL.

NE te fais pas tirer l'oreille, crois-moi ; car tu n'en serois pas bon marchand.

LUCAS, *impatienté.*

Mais jarnombilles, quand l'diable y seroit, j'ne suis pas engagé.

LE CAPORAL, *froidement.*

Voilà l'habit,

LUCAS, *vivement.*

Eh! j'nai que faire d'vos habits, j'en avons de meilleurs.

LE CAPORAL, *en colère.*

Qu'est-ce que tu dis, faquin; sais-tu bien que c'est l'habit du Roi?

LUCAS.

A la bonn' heure, eh! bien, c'est à cause de ça, j'ne suis pas dign' d'le porter, j'nen veux point.

LE CAPORAL, *froidement.*

V'là l'habit, v'là le chapeau, la cocarde. Adieu. Bon jour.

LUCAS.

Mais, écoutez donc une raison.

LE CAPORAL, *très-froidement.*

Voilà le ceinturon & l'epée, l'habit, la cocarde & le chapeau. Au Drapeau dans l'instant, ou pendu. Adieu, mon cher camarade. *Il sort.*

SCÈNE XI.

LUCAS, *seul.*

Quelle chienne de trahison. Faut qu'il y ait des homm' ben méchans dans l'monde; mais d'qui ça peut-il venir? C'est du Capitaine sûrement; il s'entend avec Colette, ils ont inventionné ça pour s'débarrasser d'moi, & la Branche qui n'm'avertit de rien; comment faire? J'suis au désespoir.

SCÈNE XII.
LA BRANCHE.

ARIETTE.

En chantant l'Ariette suivante, il court sur le Théatre comme un furieux, & feint de ne pas voir Lucas.

AH! c'est un tour pendable,
Détestable, exécrable,
Un tour abominable,
Je n'en puis revenir;
Tromper un Militaire!..:
Jarni, dans ma colère,
Si l'on me laissoit faire,
Je saurois l'en punir;
Capitaine du diable...
Oui, oui, si je l'osois.
Je le tailladerois;
Je le disloquerais.

Ah! c'est un tour pendable, &c.

LUCAS.

Quelle mouche le pique; prends donc garde à ce que tu fais.

LA BRANCHE.

Ah! te voilà; mon cher, je suis furieux, vois-tu.

LUCAS.

A cause de quoi?

LA BRANCHE.

Comment! tu ne sais pas le tour qu'on t'a joué; tu es des nôtres, mon ami; tu pars avec nous.

LUCAS.

Comment! tout de bon?

LA BRANCHE.

Il n'y a rien de si vrai.

LUCAS.

Mais, je n'y consens pas, moi.

LA BRANCHE.

Il faudra bien que tu y consentes, on a ta signature.

LUCAS.

Et non, & non, je n'ai rien signé, je le sais bien, peut-être.

LA BRANCHE

Oh, tu ne sais rien. N'y a plus de bonne foi, n'y plus de probité ; mon Capitaine.... Il est bienheureux d'être Capitaine, & que je ne suis qu'un Sergent.

LUCAS.

Eh ! bien, le Capitaine ?

LA BRANCHE.

Cette lettre que je portois à Colette de ta part.

LUCAS.

Eh ! bien, ste lettre ?

LA BRANCHE.

Colette l'a reçue, en a été charmée. J'croyois, dit-elle, que Lucas étoit une bête ; mais ceci me fait voir qu'il a de l'esprit.... & enfin je me sens de la disposition à l'aimer, moi, tu sens bien comme j'appuye là-dessus : enfin, bref, elle t'aime. Monsieur Dorville nous rencontre, veut la cajoler comme à son ordinaire.... Elle vous le rembarre, dame, falloit voir..... Mais, Mademoiselle.... Mais, Monsieur.... & d'où vient donc ce changement, est-ce le Billet que vous tenez qui en est cause ? Je vous en prie, que je le voye.. .Ah ! Monsieur, volontiers ; c'est de la part de quelqu'un que j'estime, & qui doit être mon mari ; ainsi je ne risque rien à le montrer.

LUCAS.

Eh ! bien ?

LA BRANCHE.

Il le prend, le lit, & puis ne se possédant plus de colère ; voilà qui est fini, dit-il, Mademoiselle, mon rival triomphe, mais il ne riomphera pas impunément ; dans le moment il s'en va : moi je le suis pour savoir son dessein ; arrivé chez lui, je le vois,..

Ah! peu s'en est fallu..... Mais il y va de la vie,
de s'attaquer à son supérieur.

LUCAS.

Et qu'as-tu vu enfin?

LA BRANCHE.

Il a déchiré le billet, en laissant seulement la signature avec un peu de blanc au-dessus, & dans l'espace qui restoit, il a écrit un engagement à sa fantaisie. A tu jamais vu méchanceté pareille.

LUCAS.

Et je suis engagé avec ça?

LA BRANCHE.

Ah! bien engagé, n'y a pas à en revenir; mais si j'étois de toi, il en auroit le démenti.

LUCAS.

Comment faut-il s'y prendre?

LA BRANCHE.

J'acheterois mon congé.

LUCAS.

Crois-tu qu'il veuille me le vendre?

LA BRANCHE.

Pourquoi non, cela se fait tous les jours, je t'ai
même déjà prévenu là-dessus.

LUCAS.

Et combien demande-t-il pour ça?

LA BRANCHE.

Ah! des sommes prodigieuses; comme c'est le
dépit qui le fait agir, il n'y a pas moyen de lui faire
entendre raison, cependant, coûte qui coûte, je
te conseille de toper à tout.

LUCAS.

Mais encore combien veut-il?

LA BRANCHE.

Dix mille francs.

LUCAS.

Dix mille francs! est-ce que je les vaux?

LA BRANCHE.

Vraiment non ; mais il a befoin d'argent pour faire fa campagne.

LUCAS.

Mais, mais, c'eft une volerie.

LA BRANCHE.

C'eft ce que tu voudras ; mais fans cela point d'affaire.

LUCAS.

Ah ! le turc, le traître, le bourreau ! & tu me confeilles de lui donner dix mille francs : que dix mille diables l'emportent plutôt, mon parti eft pris, je marcherai.

LA BRANCHE, *étonné.*

Tu marcheras !

LUCAS.

Oui, oui, je marcherai, j'aurai le plaifir de garder mon argent.

LA BRANCHE.

A part. Ce n'étoit pourtant pas là mon compte. *Haut.* Tu marcheras !

LUCAS.

Oui, oui, je marcherai, à deux de jeu ; il a cru m'attraper, c'eft lui qui le fera, j'efpère.

LA BRANCHE.

Tu iras à la guerre, toi ?

LUCAS.

Oui, j'irai, je m'en mocque.

LA BRANCHE.

C'eft un métier difficile, je crains que tu ne puiffes pas le foutenir.

LUCAS.

Bon, bon ; je fuis fait à la fatigue, & puis quelle peine avez-vous ? Depuis que vous êtes ici en garnifon, vous faites l'exercice, vous montez la garde, ça n'caffe pas les bras, & le refte du temps vous allez vous divertir.

LA BRANCHE.

Ce font les rofes du métier, ça; mais quand on eſt en campagne, à un ſiège, à une bataille; c'eſt là qu'on trouve à déchanter.

LUCAS.

A une bataille! Eh! bien, qu'eſt-ce qu'on y fait; voyons.

LA BRANCHE.

ARIETTE

Au fon des Clairons, des Trompettes,
Cent mille hommes, Tambour battant,
 Armés d'fuſils & d'bayonnettes.
S'avancent fièrement
 Au prémier ſignal
 Que donne le Général;
 On s'approche, l'on fe mêle
Les bales tombent comme grêle,
C'eſt un fabat de tout les diables;
On entend des cris effroyables,
 Les Tambours
 Roulent toujours,
 La Moufqueterie,
 Puis l'Artillerie;
 Les Bombes, le Canon
Font un fabat, un carillon,
 Têtes briſées,
 Jambes caſſées,
La mort vole de rang en rang,
Par tout on voit couler le fang :
Hommes, chevaux tombent par terre,
La belle choſe que la guerre!

LUCAS.

T'es tu trouvé fouvent dans ces belles choſes, là ?

LA BRANCHE.

Je le crois bien, ma foi.

LUCAS.

Et tu t'en es toujours bien tiré.

LA BRANCHE.

Tout au mieux.

LUCAS.

Ça n'eſt donc pas fi rifquable que je croyois, ſi

tu t'en eſt bien tiré ; pourquoi y reſterois-je, moi ; allons, je me détermine ? *Il paſſe l'habit.*

LA BRANCHE, l'aidant.

Je ſuis ravi, mon garçon, de voir que tu as du cœur ; nous ſerons compagnions de fortune.

LUCAS, prenant le chapeaux.

Et ça, comment ça met-il ?

LA BRANCHE.

Il lui poſe le chapeau ſur la tête., un peu ſur l'oreille.

Tiens, par là, bon, le diable me confonde, ſi tu n'as l'air guerrier, l'épée a préſent... à merveille ; la bayonnette ... Bon. Ils ont oublié un fuſil, ces drôles-là, laiſſe-moi faire ; je veux t'en choiſir un moi-même ; ſais-tu un peu comme ça ſe manie ?

LUCAS.

Là, là ; je n'ai jamais tiré qu'avec une vielle canardière, dans le temps que j'allois braconer.

LA BRANCHE.

C'eſt égal : ah ! voici Monſieur Dorville ; ſalue, ſalue.

SCÈNE XIII.

DORVILLE, LA BRANCHE, LUCAS.

DORVILLE.

LA Branche.....

LA BRANCHE.

Mon Capitaine....

DORVILLE.

Tout eſt-il prêt !

LA BRANCHE.

Oui, mon Officier.

DORVILLE.

DORVILLE.

Et cet honnête homme-la a-t-il fait son paquet.

LA BRANCHE.

Oui, mon Officier, vous n'avez jamais fait de meilleure acquisition, vous avez peu, dans votre Compagnie, d'aussi brave gens que lui.

DORVILLE.

J'en suis charmé ; sait-il que nous partons demain ?

LA BRANCHE.

Oui, mon Officier. *A Lucas.* Réponds donc.

LUCAS.

Oui, Monf....

LA BRANCHE, *le soufflant.*

Oui, mon Capitaine.

LUCAS.

Oui, mon Capitaine.... *A part.* Ah ! morgué, j'y en veux.

DORVILLE.

Qu'est-ce que c'est ? il n'a pas l'air content ; si cela est, qu'il le dise : nous ne voulons que des gens de bonne volonté.

LUCAS, *à part.*

Ah ! je le vois venir... dix mille francs.... & non, & non ; ce n'est pas pour lui.... *Haut.* Pardonnez-moi, mon Capitaine.

DORVILLE.

La Branche.

LA BRANCHE.

Monsieur.

DORVILLE, *bas à la Branche.*

Il part donc ?

LA BRANCHE, *bas à Dorville.*

Oui, pour vous faire pièce ; mais je lui en ferai tant que je le dégoûterai bientôt ; fiez-vous à moi.

LUCAS, *à part.*

Il ne s'attendoit pas à ça ; le v'là tout dérouté.

C

DORVILLE.

La Branche.

LA BRANCHE.

Mon Officier.

DORVILLE.

Paſſez en revue toute la Recrue.

LA BRANCHE.

Tambour, allons, faites l'appel. *A Lucas.* Eh!
vas donc Lucas, vas donc.

LUCAS.

Oui ? Ah ! j'en ſuis donc ?

LA BRANCHE.

Belle demande ! mets-toi là.

Il le place le prémier de la file.

DORVILLE.

Où eſt donc votre fuſil ?

LA BRANCHE, *donne un fuſil à Lucas.*

Tiens, mon ami, en voilà un excellent, je t'aſſure.

DORVILLE.

La Branche.

LA BRANCHE.

Mon Capitaine.

DORVILLE.

Faites faire l'Éxercice.

LA BRANCHE.

Toute à l'heure. *A Lucas.* Prends garde à toi.

LUCAS, *bas à la Branche.*

Conſeille-moi, entends-tu ?

LA BRANCHE, *bas à Lucas.*

Ne t'embarraſſe pas ; mais de l'attention ; j't'en
prie ; car, malgré notre amitié, dans ces choſes-là,
vois-tu, n'y a plus d'amis.

LUCAS, *bas à la Branche.*

Je m'recommande à toi.

LA BRANCHE.

Oui, j'en aurai ſoin, ne t'inquiette pas.

DORVILLE.

Pourquoi donc ne commencez-vous pas?

LA BRANCHE.

Dans l'inſtant, mon Capitaine.

ARIETTE.

Soyez attentif au commandement:
> Mitour à droite ;
> Remettez-vous :
> Mitour à gauche.

Lucas a la tête en avant ; la Branche lui relève le menton avec le bout de ſa canne.

LUCAS, *ſe redreſſant.*

Comm' ça n'eſt-ce pas?

LA BRANCHE, *d'un ton d'amitié.*

> Oui, mon enfant ;
> Mais ne ſois donc pas ſi gauche.
> Remettez-vous.

Lucas regarde ſaire les autres, & ſe remet après ; la Branche leve ſa canne.

LUCAS, *d'un air pitieux.*

Mon cher la Branche.

LA BRANCHE.

> Ferme donc ſur la hanche.
> Préparez le fuſil.

LUCAS, *embarraſſé regarde & tâche de faire comme les autres, en diſant:*

Sarpedié, qu'il faut être ſubtil!

LA BRANCHE.

Déchirez la cartouche ..

Lucas la déchire avec les doits.

Avec la bouche, avec la bouche.

Lucas s'y prenant mal, la Branche le frappe.

Chargez.... Haut la baguette.
Bourez...

LUCAS.

N'boure donc pas tant.

LA BRANCHE.

> Remettez la baguette ;
> Haut la bayonnette.

LUCAS, *tourmenté par la Branche.*

Aye, aye, un moment, un moment.

LA BRANCHE.

Haut le fuſil... En joue.

La Branche ſait ſemblant de frapper le voiſin de Lucas ; Lucas qui ſe ſent frapper, ſait des grimaces.

Pourquoi donc cette moue?
Ce n'eſt pas toi.

LUCAS.

Mais, c'eſt ſur moi
Que tombent les coups.

LA BRANCHE.

Remettez-vous.

DORVILLE.

Cela va bien ; donnez à chacun ſa conſigne, & venez enſuite prendre les ordres pour le départ.

Il ſort.

LA BRANCHE, *aux ſoldats.*

Allez au Corps-de-Gardes; je vous joindrai tout-à-l'heure. *Ils ſortent.*

SCÈNE XIV.

L'obſcurité commence.

LA BRANCHE, LUCAS.

LUCAS.

Mon ami?

LA BRANCHE.

Qu'eſt-ce que tu veux?

LUCAS, *faiſant le tour d'épaule.*

Tu avois raiſon ; ce métier-là eſt lourd.

LA BRANCHE.

Ce n'eſt rien, ce n'eſt rien ; vas, tu t'y feras.

LUCAS.

Eſt-ce qu'il n'y auroit pas moyen de faire quelque arrangement enſemble?

LA BRANCHE.

Voyons.

LUCAS.

Si ton Capitaine vouloit ſe contenter d'un millier d'écus; il y auroit quelque choſe pour toi.

LA BRANCHE.

Fi donc ! ne t'ai-je pas dit qu'il vouloit dix mille francs.

LUCAS.

Oui, mais....

LA BRANCHE.

Oui, mais ! quand tu les donnerois à cette heure ; ça ne se pourroit plus : il faudroit doubler la somme.

LUCAS.

Pourquoi donc ça ?

LA BRANCHE.

Tu as passé la revue ; n'y a pas d'ordre.

LUCAS.

Ça f'roit donc vingt mille francs à vot' compte ?

LA BRANCHE.

A bon marché, encore.

LUCAS.

Allons, allons, v'la qu'est fini : n'en parlons plus.

LA BRANCHE, *arrêtant Lucas qui veut s'en aller.*

Ah ! n'vas pas si vîte.

LUCAS.

Qu'est-ce qu'il y a encore ?

LA BRANCHE.

Attends, que je te donne ta consigne. *Sur la Place d'Armes ;* je n'y vois déjà plus clair.... *Sur la place d'Armes, Sentinelle Lucas ;* bon, écoute bien, voilà la nuit, comme tu vois ; je ne veux pas t'envoyer à un poste éloigné ; tu resteras ici.

LUCAS.

A quoi faire ?

LA BRANCHE.

A monter la garde, jusqu'à ce qu'on vienne te relever : tu iras, en te promenant, de là, là, pas plus loin ; si tu entends le moindre bruit, tu crieras : *qui va là ?* jusqu'à trois fois. Et si à la troisième on ne te réponds pas, tu tireras dessus ; entends-tu bien ?

LUCAS.

Oui, oui.

LA BRANCHE.

Nous viendrons aussitôt voir ce que c'est.

LUCAS.

Si vous ne venez pas, j'irai vous chercher.

LA BRANCHE.

Ne t'avise pas de cela ; il est défendu, sous peine de mort, de quitter son poste ; quiconque le fait, est pendu sans rémission ; ce sont les loix de la guerre. Adieu, courage. *Il sort.*

SCÈNE XV.

LUCAS, *seul.*

V'Là de vilaines loix.... *Il marche en comptant ses pas.* Une, deux, trois, quatre, cinq, six, sept, huit.... Une deux, j'n'y vois goute, moi. Hem ! il fait du vent, m'semble, Qui?... c'n'est rien ; j'croyois entendre quelque chose.... Monsieur la Branche? n'y a personne : vingt mille francs, mon congé : y a-t-il de la conscience ? Qu'fait Colette à présent ? j'n'en sais rien : elle n'm'aimoit pas, elle m'aime à st'heure : on n'connoît rien à tous ces esprits-là. Ah! qu'est-ce que c'est qu'ça ?

ARIETTE.

Qui va là ? *trois fois.* Je meurs de peur.
La frayeur a glacé mon cœur.
Qui va là ? *trois fois.* Morbleu.
   Je vais faire feu,
     Feu.

Comme il n'a pas lâché la détente, son fusil ne part point.

   Mais hélas! quel embarras!
    Le ressort ne va pas;
     Paou.

Il contrefait avec la voix le coup de fusil.

Ça n'remue pas,
Ah! ah! pauvre Lucas!
Est-ce un homme,
Un diable, un phantôme ?
Un large coutelas
Arme son bras.

Il tire son épée, & pose son fusil par terre.

Tu vas avoir à qui parler,
D'un coup je te vais enfiler.
Dans mon transport,
Je te perce d'abord.

Il heurte contre son fusil qui le fait tomber.

Ah ! je suis mort.

En se relevant, il tâtonne le prétendu phantôme.

Que je suis... que je suis bête ! c'est un tronc
d'arbre : ah ! je n'en puis plus. Oh ! pour le coup
j'entends quelque chose.

SCÈNE XVI.

LUCAS, DORVILLE, & COLETTE

dans le fond.

COLETTE.

ARIETTE.

Non, non, Monsieur ;
Je suis fille d'honneur :
Ne croyez pas que l'on m'engeole ;
Qu'à vos desseins,
J'ose prêter les mains.
Je ne suis pas si folle,
Tous vos efforts sont vains ;
Je crains le blâme :
Si je suivois vos pas,
Que diroit-on ? hélas !
Que deviendroit ma flamme ?

Non, non, Monsieur, &c.

LUCAS.

C'est la voix de Colette.

DORVILLE.

Eſt-il poſſible que vous ayez ſitôt changé de ſentiment.

LUCAS.

Et celle du Capitaine.

DORVILLE, *bas à Colette.*

Appuyez toujours la feinte.

COLETTE, *à Dorville.*

Je n'en ai point changé.

DORVILLE.

J'entends, vous ne m'avez jamais aimé ; vous vous êtes fait un jeu de ſurprendre ma tendreſſe pour faire à mon indigne rival un ſacrifice plus éclatant.

LUCAS, *à part.*

Hem, quel caquet affilé !

COLETTE, *à Dorville.*

Non, Monſieur, tout ce que vous direz eſt inutile.

DORVILLE.

Eh ! bien, cruelle ! puiſque vous me réduiſez au déſeſpoir, je ſaurai me procurer par la violence....

LUCAS.

La violence !...

DORVILLE.

Vous me ſuivrez malgré vous.

COLETTE.

Au ſecours, au ſecours.

LUCAS.

Il l'emmène, la pauvre petite ! j'm'en vais voir, 'men vais voir. *Il ſort.*

SCÈNE XVII.

LA BRANCHE, troupes de soldats
avec des lanternes.

LA BRANCHE.

Bon, notre homme a donné dans le piège.

ARIETTE EN CHŒUR.

Alerte, alerte, alerte,
Cherchez, cherchez, cherchez.
Alerte, alerte, alerte,
Saisissez, saisissez.

CHŒUR.

Alerte, alerte, alerte,
Cherchons, cherchons, cherchons.
Alerte, alerte, alerte,
Saisissons, saisissons.

LA BRANCHE.

Un poste abandonné !

CHŒUR.

Saisissons, saisissons.

LA BRANCHE.

Criez par-tout allarmes,
Et qu'au signal donné,
Chacun soit sous les armes.

CHŒUR.

Aux armes, aux armes.

TOUS ENSEMBLE.

LA BRANCHE.	CHŒUR.
Alerte, alerte, aux armes,	Alerte, alerte, aux armes,
Cherchez, &c.	Cherchons, &c.
Alerte, alerte, aux armes,	Alerte, alerte, aux armes,
Saisissez, saisissez.	Saisissons, saisissons.

SCÈNE XVIII., *& dernière.*

DORVILLE, COLETTE, LA BRANCHE, LE CAPORAL, L'E TAMBOUR, LUCAS, amené par des Soldats.

LA BRANCHE, *à Lucas.*

AH! malheureux, qu'as-tu fait?

LUCAS.

Comment! comment! j'n'ai quitté qu'une minute.

LA BRANCHE.

Et c'en est assez; ne t'ai-je pas dit la loi?

LUCAS.

Bon! bon! la loi! tu t'mocques.

LA BRANCHE.

Tu vas voir, tu vas voir.

COLETTE, *feignent de pleurer.*

A Dorville.

Vous êtes un cruel, un barbare.

DORVILLE.

Taisez-vous, Mademoiselle, taisez-vous. *Bas.* N'ayez pas peur, il n'arrivera rien.

LUCAS.

La pauvre petite! comme elle pleure! qu'as-tu donc, ma chère Colette?

LE CAPORAL.

Doucement tenez-vous là.

COLETTE.

Mon cher Lucas, je n'y pourrai survivre.

LUCAS.

Cette chère enfant, comme elle m'aime! je n'aurois jamais cru ça.

LE CAPORAL.

Il est bien question d'amour à présent.

COLETTE.

Faut-il que j'ai la douleur de le voir mourir ?

LUCAS.

Mourir ! moi, Meſſieurs! n'badinons pas, ſ'il vous plaſt.

DORVILLE.

Sergent, faites votre devoir.

LA BRANCHE.

Silence. *Il lit. L'an mil ſept cent, &c., attendu la contravention commiſe par le nommé Lucas, Soldat, &c., convaincu d'avoir quitté ſon poſte, le Conſeil de guerre aſſemblé l'a condamné à avoir la tête caſſée, &c., à la tête de la compagnie: le jour & an que deſſus, &c.*

LUCAS *repète en pleurant, les derniers mots.*

Et cœtera. Malheureux que je ſuis ! Monſieur Dorville; Colette, demande grace pour moi, j'ten prie, Monſieur de la Branche....

LA BRANCHE.

Hélas ! mon cher, je ſais à quoi la qualité d'ami m'oblige : il faudra que ce ſoit moi qui faſſe l'opération.

LUCAS, *à genoux & pleurant.*

Ah ! ah ! eſt-ce que quelques coups de bâton ne ſuffiroient pas pour une faute ſi légere ?

LE CAPORAL.

Et vîte, qu'on lui bande les yeux.

LUCAS, *répouſſant le mouchoir.*

Mon cher Capitaine, vous êtes le plus honnête-homme du monde ; vous aimez Colette.

DORVILLE.

Je l'aimois, il eſt vrai; mais depuis ſa trahiſon, je n'en veux plus entendre parler.

LUCAS.

J'ai eu la témérité de nuire à vos amours ; mais v'là qu'eſt fait, je vous la céde.

COLETTE.

Non, Lucas; je ne pourrois pas me résoudre à
l'épouser.

DORVILLE.

Non, non, il n'est plus temps.

LUCAS.

ARIETTE.

Au nom du Ciel, je vous en prie;
Par pitié, sauvez-moi la vie.

A Colette.

Priez, Monsieur, je vous en supplie,
Qu'il veuille bien vous épouser.

A Dorville.

Voyez, Monsieur, voyez Colette :
N'est-elle pas jeune & bien faite ?
Aurez-vous l'cœur d'la refuser ?
Monsieur Dorvill', Mlle. Colette,
Aurez-vous f'cœur de me refuser.

Avec rage.

Ils n'veulent pas; ah! misérable !
Sexe maudit ! race du diable !
Tu fais toujours,
Tout à rebours.

Il reprend le ton suppliant.

Au nom du Ciel, je vous en prie;
Par pitié, sauvez-moi la vie.

LA BRANCHE.

Mon Capitaine, pardonnez la liberté que je prends;
mais enfin c'est pour mon ami que je parle. Si, en
vous cedant Colette, il y joignoit une somme honnête pour les frais de la procédure, seriez vous in-
fléxible ? Et vous, Mademoiselle, si Lucas parta-
geoit avec vous la succession dont il a hérité..

LUCAS.

Ah! prenez tout, prenez tout, j'y conser
vous en prie, prenez, prenez.

LA BRANCHE, *bas à Lucas.*

Ils s'attendrissent; courage.

LUCAS.

Faites-vous cet effort-là tous les deux.

DORVILLE.

Quand je le voudrois, Colette n'y consenti-
roit pas.

LUCAS.

J'vous réponds d'elle; venez çà, venez çà, je
vous la donne avec tout le bien; & fi ç'n'eft pas
affez, je vous donne tout le mien.

DORVILLE.

Voyez, Colette; fon fort eft entre vos mains.

COLETTE, à *Lucas.*

Eh! bien, pour vous fauver la vie, je confens
à tout.

LUCAS, *tranfporté.*

Quel bonheur! gare, gare, rangez-vous de là,
que je vous embraffe. *A la Branche.* Ah! mon
ami, je reviens de loin.

LA BRANCHE.

Tiens, pour que tu ne fois plus expofé à pareille
avanture, fitôt le mariage fait, je te rends ton engagement.

DORVILLE.

Rends-lui, rends-lui dès à préfent; qu'il garde
fon bien. *A Colette.* Je ne voulois que l'obliger à
vous rendre le vôtre; mais il en fera ce qu'il voudra; vous m'aimez, je vous aime, qu'ai-je à defi-
rer davantage?

LUCAS.

Ah! mon Officier, je vous reconnois bien là. Vous
êtes un cœur généreux, un cœur d'or! venez-vous-
en tous chez moi: pour prélude de la nôce, j'vais
mettre en perce les meilleures pièces de mon vin.
Venez, venez; nous ferons bombance.

LA BRANCHE.

C'eft bien dit, & nous boirons à la fanté du
Milicien.

 # LE MILICIEN,

CHŒUR.

DORVILLE, COLETTE, LABRANCHE.	LUCAS.	SOLDATS.
Un succèt heureux.	Célébrez les nœuds.	Pour fêter les nœuds
Couronne (nos/vos) vœux.	Qui rendent heureux	Qui rendent heureux
L'Amour à (nos/vos) feux	Des cœurs amoureux	Deux cœurs amoureux
Donne la victoire.	Pour moi je vais boire,	Ne songeons qu'à boire.
Mettons/Mettez (désormais	Et, jusqu'à demain,	Et, jusqu'à demain,
Toute (notre/votre) gloire	Perdre la mémoire	Perdons la mémoire
A jouir en paix	De mon noir chagrin	De notre chagrin,
De ses doux bienfaits!	Dans des flots de vin.	Dans des flots de vin.
Victoire, victoire.	A boire, à boire.	A boire, à boire.

I. VAUDEVILLE N.º 4.

LUCAS.

Vous m'avez rendu service,
Croyant me désobliger ;
L'hymen comme la Milice
Expose à plus d'un danger :
Dieu merci, de tout' manière,
J'en suis quitte pour la peur.

Refrain en CHORUS.

Sous les drapeaux de Cythère,
Il ne faut, comme à la guerre,
Que des gens de cœur.

II. VAUDEVILLE N.º 5.

LA BRANCHE.

Avis à la belle Jeunesse :
Quand l'amour vous donne des loix,
Soyez docile à sa voix,
Et profitez d'un temps qui presse.
En vain s'armeront contre vous
Et les Argus & les jaloux ;
A la fin tout obstacle cesse.

Avis à la belle jeunesse.

COLETTE.

Vous qui, consumés par les ans ,

Faites encore les foupirants,
Et lancez des regards avides:
Quand vous verrez de jeunes cœurs
Sourire à vos triftes fadeurs,
Craignez leurs careffes perfides.

Avis aux Barbons invalides.

LE TAMBOUR.

Fillettes font femblant d'aimer,
Et trouvent l'art de vous charmer.
Tandis qu'une autre ardeur les brûle:
Sachez qu'en toute occafion
De dire le oui pour le non,
Elles ne font aucun fcrupule.

Avis à l'amant trop crédule.

LUCAS.

Fuyez ces amants dangereux!
Qui par-tout promenant leurs feux,
Sont aujourd'hui furpris en maraude.
Voltiger d'objets en objets,
Publier par-tout vos fecrets,
De tout temps ce fut leur méthode.

Avis aux beautés à la mode.

DORVILLE.

Après de glorieux travaux,
Venez goûter un doux repos:
Pendez au croc vos cimeterres.
Au fein d'une tranquille paix,
On ne battra déformais
Qu'à coups de broc, qu'à coups de verres,

Avis aux braves Militaires.